Fabrizio Manili

Legni d'a mare

Copyright © 2022 Fabrizio Manili

A Sofia ed Elisa, figlie amatissime

Legni d'a mare

Nulla è più commovente delle parole.

Niente è più toccante ormai

dei colori, che il mare in burrasca,

ha sciolto su rami salati.

Per poi abbandonarli sulla spiaggia d'inverno.

Così, da solo io amo,

ogni volto di donna,

intravisto improvviso in un bosco di faggi.

Su quei rami non lascio l'oblio.

Lascio il segno di pregne parole.

Cerco il bello fra una effe, una emme e una zeta.

«ogni alba è la possibilità di rinascere»

Gianluca Gotto, *Succede sempre qualcosa di meraviglioso*

Thalassa[1]

Oggi,

ti guarderò chiudendo gli occhi.

E ascolterò il brusìo

della tua notte.

Domani,

io sarò partito, ormai lontano.

Conoscerò per poco tempo ancora,

l'odor ch'emana la tua anima;

celata più di ieri,

nel ricordo.

Poi, forse,

riscopriremo insieme,

il sapore dolceamaro della nostalgia.

[1] Mare, in greco moderno.

5

le onde s'infrangono

in sequenza casuale –

vento autunnale

una cornacchia

già gracchia solitaria –

prima dell'alba

Un attimo ancora

Scìvola.
Solo per un istante, attende l'onda
sospesa
prima di tornare al proprio mare.

E ancora scìvola e scìvola ancora.
Esiguo è il tempo, che resterò sull'isola
per pochi giusti attimi,
prima di tornare alla mia vita certa.

Scìvola e si allunga.
E lo fa di nuovo
come fosse sempre la stessa onda,
così sorrido,
poiché son io che non lo credo.

Scìvola e a riva schiuma.
Anche se saprò che non è vero
m'illudo ancora uguale all'anno prima.

S'infrange e scroscia.
E infiltra il mare fra scivolosi ciottoli
che acqua e sale han levigato per millenni.
Loro, che tengono il ritmo,
tintinnano sempre intensamente.

E spruzza e sbatte.
Ascolto ora il suono
del vento che scìvola addosso
alla mia anima consunta e levigata
da un dolore antico.

Scìvola per trattenersi a lungo.
E il mare penetra la sabbia
e dai suoi pori espelle l'aria tiepida.

Scìvola con l'aiuto del vento da oriente
e sulla mia pelle si insinuano
brividi d'ansia inconsueta.

E ancora scìvola e impetuosa si riversa,
l'onda imprevedibile
eppure sempre attesa,
al passaggio di navi rumorose nella grande baia.

Scìvola via e mi travolge.

Così sospesa a un tempo è la mia vita,

che passa col frastuono quotidiano

ma non rivela mai,

fin dove vuol condurmi.

IN FORMA HAIKU

il vento freddo

con tutte le onde intesse

trame di luce

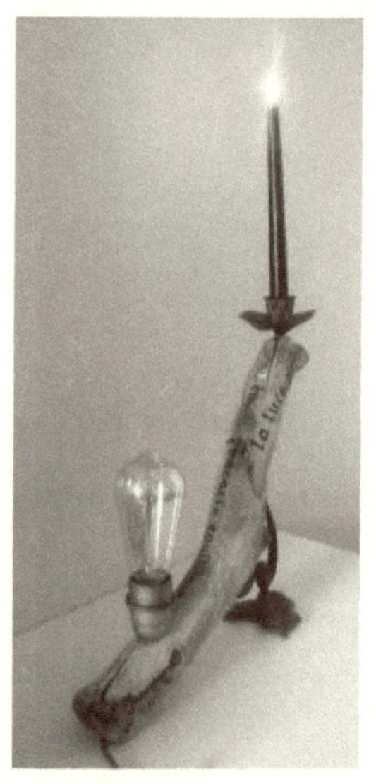

la luce calda

in precario equilibrio

con quella elettrica

P.

Continua a parlare
ti supplico.
E non arrenderti
finché non t'avrò sentita.

Continua a cantare
ancora una volta.
Fallo coi tuoi versi scarni;
con le tue scarse armonie.

E non far caso
alla mia indifferenza
manifesta davanti all'urlo
delle mie sporche viscere.

Recita continua.
Finché potrò ascoltare
tutto quello
che non ho mai conosciuto.

mito di Διόνυσος[1]

leggerezza d'a mare

la pura vida

---

[1] Dioniso. Nella mitologia latina, Bacco.

porto di Lipsi

ci si ferma il traghetto –

che manco a Rodi

Raggiungo la spiaggia, impaziente di sentir rotto il silenzio, soltanto dal rumore lieve, generato dalla risacca a riva.

Respiro a fondo; finalmente ammiro la dimensione essenziale della mia meta. Ora posso guardarmi intorno e distogliere lo sguardo da quei suoni armonici.

Donne e uomini in costume da bagno, dimentichi di essere a metà novembre. Offrono le proprie membra, quali tributi sacrificali ai raggi del sole.

L'orizzonte al di là del mare è di fronte a me e suggerisce l'incamminarsi verso sud, tenendo la riva alla mia destra.

Mi guardo i piedi, poiché percepisco di avere qualcosa di «stonato» addosso.

Allora mi tolgo le scarpe e i calzini

scalzo calpesto
conchiglie sulla sabbia —
lieve massaggio

Alterno i miei passi, fra il bagnasciuga compatto, scosceso verso il mare e la sabbia in piano asciutta, disposta su piccole e infinite dune irregolari.

Non riesco a decidere se preferire alla fatica della sabbia morbida che mi avvolge e appesantisce i piedi, la scomodità di un'andatura claudicante sul piano inclinato.

Così, prima di accettare che l'ideale del mio cammino è nell'equilibrio dell'alternanza, raggiungo inconsapevolmente Capocotta.

si sfida il freddo
ancor più del pudore –
spiaggia nudista

sul foglio bianco

si posa una farfalla –

lasciando gocce

In forma Haiku

le gelide onde –

avvolgono di schiuma

scogli che affiorano

In viaggio

Da quanti anni ormai,
(non lo ricordo più)
ho gettato in acqua i remi
della mia barca?

L'ho fatto solo per rispetto.
Per non offendere il vento.

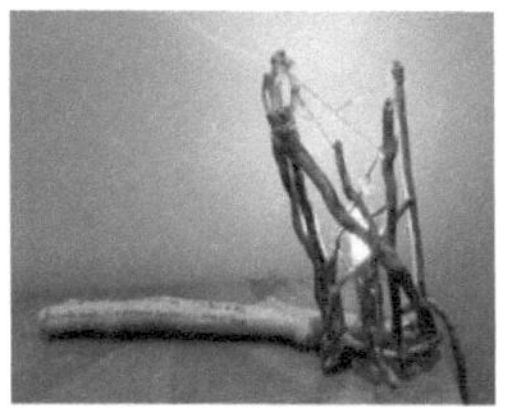

scarni legami

sulle vie tortuose

la Pace di Dio

fra i mille rivoli

d'un precario equilibrio

alba di Pace

---

[1] Haiku 2^3: Realizzazione su legno di mare, che permette di comporre fino a otto diversi haiku, in base alle diverse combinazioni dei versi di ogni singolo Haiku.

la grande acacia

per l'ultimo dell'anno

ha rami immòbili

Piedi

Per nulla al mondo

io potrei rinunciare

alla tentazione di guardar soltanto

ciò che i tuoi piedi fanno.

Son sicuri e leggiadri

mentre tracciano,

su quel suolo sassoso,

enigmatici alfabeti d'amore.

Sarà dunque questo?

Ciò che tu, ora chiami danzare?

Ciò è per me

soltanto il tributo

a un respiro profondo.

Ansimante.

Più profondo del luogo

che da sempre nasconde ogni anima.

Ecco,

seguo i tuoi passi.

Ne pregusto il decollo,

poi ne sogno il planare.

Ora indietro

con la punta del piede

a svegliar quella terra

già battuta da secoli andati.

E poi dopo, in avanti

con l'intera tua pianta

tocchi e fuggi

la distesa assolata,

resa arida

dal vento d'oriente.

Ora indietro

e ti sposti di poco.

E poi ancora, in avanti

e continui quel cerchio di vita

che riflette dal cielo,

l'infinito ch'è vuoto del nulla.

D'improvviso quel passo
nuovo, fresco e inatteso,
che ti cambia con stile.

Accarezza la polvere rosa
il tuo piede sicuro,
senza darle fastidio.

Poi riprendi
i tuoi soliti passi
e sicura ti avvii
seguendo la sera.

Tocchi terra,
però senza schiacciarla.
Sfiori il suolo,
sì, ma senza calciarlo.
Copri i sassi,
ma non l'hai da occupare.

È un passaggio,
che da sempre
ancor gira continuo.

È l'aurora che cede all'intenso;

sol le tenebre

sovrastano il giorno.

Non temere la notte.

Non temerla.

Poiché ancora una volta,

potrai forse amarla di nuovo.

Dei tuoi passi ancora sospesi,

quando danzi e sorridi,

a seguire ti scopri

quel giro da sempre infinito.

Che mai porta alla fine,

mentre il buio non porta la morte.

un vecchio faggio –

ha lasciato cadere

i rami bassi

In forma Haiku 2[1]

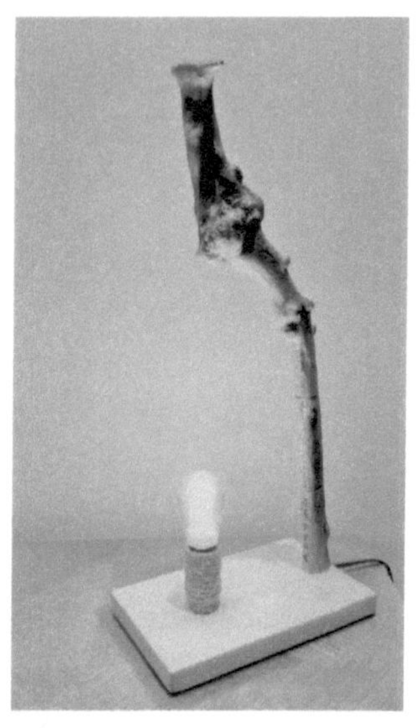

merlo al mattino

ricorda il caldo estivo

sull'eucalipto

a sera il grillo

canta una volta ancora

senza malizia

---

[1] Haiku 2^3: Realizzazione su legno di mare, che permette di comporre fino a otto diversi haiku, in base alle diverse combinazioni dei versi di ogni singolo Haiku.

madre Cultura

Sollevaci dal fango,

d'una gretta

e inconsapevole ignoranza,

e poi Proteggici.

Ancora

e oltre te stessa,

dall'ancestrale tentazione

del confortante conformismo.

Sotto i tuoi piedi,

risiede insolita la bellezza

d'infiniti pensieri,

di mille e più mille parole.

Armoniose e rare,

che fòrgiano,

le tante anime

dei molti mondi.

In forma Senryū

nuovi propositi

ma oggi piove e fa freddo –

primo gennaio

la mareggiata

abbandona metàfore –

gelida riva

Silenzio

Rispetta il silenzio

quello chiassoso;

del gracchiare di cornacchie in volo

e del richiamo

dei galli in lontananza.

Di miagolii improvvisi

che forse preludono a una lotta.

Di zoccoli di capre

che pestano un selciato

consunto da troppa acqua e sole.

E di quei pochi asini

che ragliano di rado.

Amalo il silenzio

anche se doloroso;

che ha pudor dell'animo,

di chi non grida mai

a scapito degli altri,

senz'ascoltare l'urlo
ch'erutta dal di dentro.

Eppure,
godi del silenzio
ma sol di quello vero;
pacato ch'è degl'alberi
che a tratti interminabili
gorgheggiano col vento.

E solamente loro,
sì come voci limpide
d'un coro antico e scarno,
s'innestano al passaggio
dei volti umani
che mai sovrastano
sull'armonia degl'altri.

dolce risveglio

il nuovo giorno è puro –

ancora grazie

il sole filtra

tra i fiori d'un ciliegio –

imperfezioni

Lo nono (in)Canto

(A.D. MCCCXXII)

E quindi uscimmo a riveder le stelle;

sortimmo fora, da ogne buco o tana,

messeri, dame et jovini pulzelle,

dopo lo morbo che c'attanagliava.

Or io mi veggo, che cum mea consorte,

lumando fra bucolici scenari,

trovotti le botteghe appen risorte,

cum sensual richiami luminari.

«Oh Sposo meo, – favella la madama –

è sogno questo? Oppur tutt'è reale?

Indove è Dolce, c'è pure la Gabbana;

rimira orsù! Lo Centrum Commertiale!»

"Est come oasi, asilo nel deserto"
io cogito in tragitto a mie fortune.
«Posto a lo meo carro trovo certo,
eccone uno alla fine del comune!»

«Lasciommi quine! – impera la monarca –
conduci 'l carro tuo co lo ronzino
a remediar la sosta in Danimarca,
ch'io vado a rimirar quel completino»

La fila de li carri procedea,
cum fosse una "Via Crucis" di lumache,
più lenta del "Concilio di Nicea"
cascommi zibidei sul fondobraghe!

Mirotti tutto 'l ciclo de lo sole,
passar dall'alba al vespro peregrino,
finché l'ascelle aveo a gorgonzole,
co' stesso tempo, sarei ora a Berlino!

Parcheggio 'l puledrino sconsolato
e come penitento m'incammino,
oppresso da botteghe in ogne lato,
fermommi al Mec Donaldo pel panino.

Deca messaggi informano di doglie,

et vedo conto in banca nell'abisso,

La "pergamen di credito" è con moglie!

M'infilo al Burgerkingo et faccio 'l bisso.

Poi mentre mi trascino incheciappato,

co lo morale colluso colle salse,

vetrina "Bricofer" mi tese agguato

e l'incantesimo in me tosto prevalse.

Fiondommi tra scaffali: in bocca ho bava;

trafugo chiodi, viti et più bulloni,

m'arraffo escavator per una cava,

ci tirerò sù 'n paio di balconi.

Un water di Ginorium, sempre serve;

offerta c'è per pile... ma che culo!

di tutto ho sì bisogno di riserve

e in cassa m'ipoteco puro 'l mulo.

Poi quando esco, son sazio di ferraglia,

nel carro occulterò la refurtiva.

La brutta bestia si lamenta e raglia

«se fai la spia, diventi carne equina».

Poi s'avvicina, giuliva et soddisfatta,
la donna mea sommersa di prodotti;
per lo meo conto, sarà certo disfatta,
appena in tempo ad inguattar fagotti.

«Ordunquo! Che comprasti meo signore?»
dimanda issa con mille pacchettini.
«Cose da nulla... » Oh! Sono grand'attore.
et mostro busta mea... cum pedalini.

Il pallido sole del mattino, m'induce ad uscire di casa.

Raggiungo a piedi la vicina spiaggia e inizio a passeggiare lungo il bagnasciuga compatto e quasi pianeggiante.

Le deboli onde del mare, riversano a riva gli stessi odori di sempre; ma, a differenza delle scorse stagioni, essi non si amalgamano più col rumore della risacca che veniva provocata dai piedi nudi immersi nell'acqua.

Mi siedo su un tronco, abbandonato da qualche recente mareggiata, per mangiare un panino portato da casa.

Mi tolgo il berretto; concedo ai preziosi, se pur deboli, raggi solari, d'inondarmi di tepore la fronte e le tempie.

Mentre mastico lentamente, lascio che i miei occhi si proiettino ammirati sull'inedito scorrere grigiastro delle onde marine.

Il mio panino è finito.

Ma io me ne rendo conto, solo quando un lieve ed improvviso alito di vento, disperde nella sabbia, di fronte ai miei piedi, alcuni granelli di pane, che conservavo nell'incavo della mia mano sinistra.

un solo pàssero —
temerario raccoglie
briciole sparse

le danzatrici

contano tutti i passi –

dell'insegnante

sono abbonato

al più grande solarium –

mare d'inverno

Germogli

43

Resta umano se puoi

ed emoziònati

per i nuovi germogli

sull'acacia.

E se in essi

Io non vedrò il magnifico,

poco importa,

poiché dovrò guardarci meglio.

E voglio farlo,

solo perché

lo posso fare,

da quando sono libero,

nell'ostinato non dovere.

vento di luglio

si riversa nell'onda

l'odore dell'est

TORNO più tardi

quasi sicuramente –

però non SUBITO

L'amore è anche felice

«Felicemente innamorati».

Lo leggo nella vita di tanti;

lo sento traspirare dai muri

scrostati

e ricoperti di tossici muschi

E che menzogna!

L'amore è grande

Già di suo;

ingombra tutto.

Non lascia spazio

ad altro che a sé stesso.

O tantomeno per la felicità.

Essa così ambigua

e vana per natura.

Inopportuna a volte.

Effimera da sempre.

granelli sparsi

di sabbia ancòra fredda –

vortice a riva

ventuno marzo –

le vele all'orizzonte

d'una regata

Buio

Non avere paura del buio;

è la cosa più pura che resta.

È riposo del mondo,

il ristoro dei popoli.

È l'attesa paziente del sole

che ancora non nasce.

Non avere paura del buio;

non da esso ha origine l'ombra.

Quella, l'ombra,

nasce sempre da una luce sinistra.

Luce fredda che inquina le menti.

Luce inerte e diretta,

che dirotta timori

ed illumina il banale appiattito.

Luce forte e insistente,

artifizio d'umana superbia,

che corrompe e corrode coscienze,

per mostrare i falsi suoi mostri.

forme accaldate

si cullano sulle onde –

tinte sgargianti

cabine a riva –

il sole del mattino

risalta il bianco

Angelo

Se ti guardi nell'ombra

allora scoprirai l'angelo,

che solo rivelerà

l'essenza della tua anima

col panno lustro

le foto sulle làpidi

di nonno e nonna

IN FORMA HAIKU

non vedo più

il vecchio pescatore –

cogliere i fichi

Millantano i menischi

Millantano i Menischi.

Lo fanno spesso ai Maschi.

Stolti, un po' Sbruffoni,

si vedono sicuri.

E, solidi,

sorreggono da Stolidi,

decenni di vissuto

e anche oltre.

E Amori sconfinati

Sconfitti in Fedi Smunte.

O rodimenti Erosi,

d'indifferenti drammi;

di prosciugate lacrime

che mai Solcarono,

di nessun uom la guancia.

Oppure Mento?

sole al tramonto –

dei granelli di sabbia

sparsi sbrillùcicano

sere di giugno

sospensione di luce –

fine del giorno

Ena ke dio

Ena, dio ke tria.

Quando sbarchi sull'isola,

conta sempre di compiere

solo i passi più giusti.

Ena, dio, tria ke tesserapende.

Non portare il tuo battito;

lascia andare quel ritmo.

Siedi a terra ed aspetta

che sia il vento a narrare.

Ena ke dio.

Qui non serve poi molto:

quasi nulla è già troppo.

Ena, dio, tria ke tessera.

Non provare vergogna,

se tu fai tutto il resto;

non sei tu che decidi,

non c'è spazio al volere.

Ena, dio, tria ke tesserapende.

Ora stenditi al sole,

prova a vivere e basta.

Non cercare risposte,

senz'aver le domande.

In forma Haiku

(in greco moderno)

μόνο οι γυναίκες

χορεύουν με τον ήλιο –

μετά το ηλιοβασίλεμα[1]

---

[1] **PRONUNCIA**: móno i ghynékes / chorévun me ton ílio – / metá to iliovasílema
TRADUZIONE: solo le donne / danzano con il sole – / dopo il tramònto

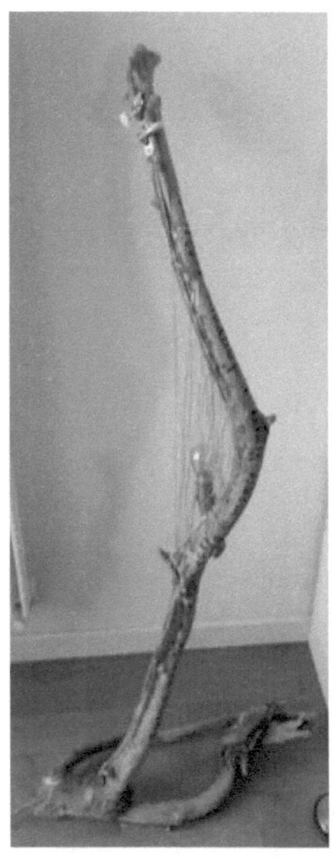

suono striàto

sovrasta il monte Vènere

l'aurora estàtica

Invadente

Sono stato al mare oggi.
Per affidargli, lo sai,
i tuoi sensi profondi.
Ed insieme ai miei battiti,
lui profuma d'attesa.

L'ho guardato di lato
con la coda dell'occhio;
mare mosso non ha
perso neanche un istante.
E mi ha chiesto diretto:
«Questo è amore per lei?».

Non sapevo ingannarlo;
non potevo resistergli.
Le sue onde non mentono,
nel fragore del sempre;
abbondanti di schiuma
e di assalti più limpidi.

Ha preteso ammettessi,

di che tempra sei fatta:

troppo bella per esso;

troppo piena di sale,

primordiale e verace.

Non ho avuto poi scelta.

Solo con le emozioni,

percepivo gli schizzi,

di capelli bagnati,

mentre il mare s'apriva

come sempre all'aurora.

Invadendo l'oriente,

con colori indicibili.

fine di giugno –

appare così immobile

il mare mosso

sette cornacchie –

prendono il volo a turno

da un cornicione

È ricordo di te

Il ricordo che resta di te,

non è poi

così diverso,

da ogni altro ricordo fugace.

Dolce

al principio;

poi stucchevole

ciò che di esso

ne resta.

È vita finita

con un fine concluso.

A volte sospesa

in un forse.

Indefinito rimpianto,

che resiste

all'immobile

infinito imperfetto.

Non emana sospiri;

non respira d'amore.

È un nulla.

Di un nulla spiazzante;

non consuma passioni

e non arde d'insana beltà.

Non anela a forzare

il principio.

È una statua marmorea:

manufatto insoluto

di un'artista fuggita.

È materia d'informe visione,

consegnata a una

chiusa qualsiasi.

Nessun senso

che assuma valore.

Sol per poco

senza evolver dal "quasi".

È un giocattolo.

Del tutto ingiallito,

che deride il presente,

per negarne il conforto.

Misconosce il futuro,

come sogno che mai,

né domani né oltre,

potrà esistere o diventar vero.

dorme la pàpera

col becco sotto l'ala –

di notte in spiaggia

dal porticciolo –

l'odore delle reti

lo porta il vento

Il rumore dell'acqua

È il rumore dell'acqua

del mio mare in autunno

che mi rende suo schiavo

che mi attira e m'assale.

Mi fa muovere in cerchio

Sempre più inconsapevole;

i miei passi si muovono

ed i muscoli tendono,

anche s'io non lo voglio;

senza che lo decida.

Lo riempio quel vuoto?

Lo riempio con puerili trovate?

Vuoto santo e anche nobile,

necessario all'odor delle onde;

al rumor dei riflessi del sole.

Sopra il pelo dell'acqua,

mi trascini al clamor dei riflessi.

Quei riflessi che assalgono gli occhi

e non lasciano spazio ad alcuno;
né a qualsiasi stolta questione.

Se distolgo lo sguardo,
se serrassi perfino le palpebre,
non potrei evitare quel vento,
che s'insinua in sferzate di terra.

Ho provato a sfuggirti.
L'ho provato più volte lo giuro.
Ma tu,
che neanche un istante sei uguale a te stesso,
m'hai rincorso con sinuose movenze.

Ho provato a seguire una piccola goccia.
Nel tuo viaggio perenne.
Più visibile
è forse,
un granello di sabbia
che ti porti insieme col mondo.

gatti s'inseguono

forse solo per gioco –

davanti casa

urla di gioia

dalla scuola di fronte –

ricreazione

Sabbia

Sono solo granelli di sabbia
quei minuti
con le ore dei giorni,
sparsi lungo il nostro cammino
d'un respiro vitale,
d'un amore profondo.

Sono tutti granelli di sabbia
ciò che il vento accumula
e plasma in anonime dune.

Qualche volta
la brezza marina
ne accarezza i contorni sinuosi;
meno spesso
son folate impetuose
a spazzarne
l'apparente grigiore.

Son capaci di accendersi

col sole al tramonto.

E diffondono

calore e bagliore

sulle immense distese

dei granelli di sabbia;

espandendo

rinnovate speranze

di puntute e tenere gioie.

piccoli passi

conducono un vecchio oltre –

freddo e fatica

Le rondinelle –

co' la prima giannetta

sò scappate via

Quello che temo

Quel che più temo
del mare agitato
non sono le onde
spumose
né il rumore salmastro.

Più la quiete del giorno dopo,
prevedibile ritorno
a una calma apparente;
menzognera
e non rivela,
quell'impeto primordiale
che non si sa esprimere.

Così come se nulla fosse,
come se vita
non ci sia stata.

E negli abissi del suo segreto,
scroscia il silenzio.

solo al crepùscolo –

riposa un pellegrino

tutta la notte

martella all'alba

lame incontaminate –

fini incisioni

Cose

Piccole cose mi sorridono.

Talmente piccole,

da ingigantirne il senso.

Se la materia è scarna,

lascia spazio

ad ogni soffio,

d'un prolungato

e libero sospiro.

l'alba rischiara

le pareti assopite –

respiro a casa

sul fico spoglio

si ramifica il bianco –

vedo ora il mare

La rivoluzione della sfera

Se anche il buio,

parlasse solo con la notte;

allora sorridete

a una promessa antica

di una luce calda

che or,

rischiara il mondo.

Se anche ogni autunno,

guardasse solo al freddo inverno;

allora respirate
quel vento luminoso
che ha l'odore
dei mandorli fioriti.

E allora,
cercate sempre il bello.
In ogni cosa
che in apparenza
ancora non v'appare.
Lasciate che sia esso
a disvelarne l'anima.

l'onda schizzò

Poseidone già sveglio

il mare Egeo

σπρέι νερού

ο Ποσειδώνας ξύπνησε

το Αιγαίο πέλαγος

---

[1] Haiku 2³: Realizzazione su legno di mare, che permette di comporre fino a otto diversi haiku, in base alle diverse combinazioni dei versi di ogni singolo Haiku.

In forma Haiku

dei colori dell'arcobaleno

IN FORMA HAIKU DEL PRIMO COLORE DELL'ARCOBALENO

tomba di nonna

il **viola** delle gèrbere

s'accende al sole

In forma Haiku del secondo colore dell'arcobaleno

lungo la siepe –

piccoli fiori **ìndaco**

del rosmarino

In forma Haiku del terzo colore dell'arcobaleno

94

sul fico spoglio

si ramifica il bianco –

tra il mare **azzurro**

In forma Haiku del quarto colore dell'arcobaleno

dal muro in pietra

l'esplosione del **verde** –

foglie del càppero

In forma Haiku del quinto colore dell'arcobaleno

la chioma **gialla**

della grande mimosa –

balla col vento

FABRIZIO MANILI

IN FORMA HAIKU DEL SESTO COLORE DELL'ARCOBALENO

luna **arancione** –

tra i rami dell'ulivo

smossi nel buio

In forma Haiku del settimo colore dell'arcobaleno

le prime gemme

rosse e gonfie sul màndorlo –

la terra è viva